RISCONTRI POETICI

- 2 -

Sogni Rosso Rubino

Antologia poetica

a cura di

Emilia Dente

INDICE

Prefazione

È difficile parlare d'amore. Tra i sentimenti che agitano l'animo umano è il sentimento più complesso ed inquieto. È una forza potente l'amore, è una forza dirompente, un'energia che travolge e sconvolge, capace sempre di infiammare la mente e il cuore. L'amore alimenta il battito eterno del cuore umano, il battito impetuoso dell'essere che cerca e desidera l'altro essere e riconosce, nell'istinto ancestrale all'amore, il significato e la gioia autentica della vita.
Ha mille volti l'amore, ha lo sguardo profondo del silenzio, ha morbide labbra e mani sottili che accarezzano il vento e annodano pensieri e speranze all'arcobaleno colorato dei giorni.
Ha mille volti, mille vesti e mille sfumature e, a volte, solo gli audaci volteggi dei versi poetici, in precario equilibrio tra ragione e follia, riescono a tradurre il sentimento in trame lucenti di parole, in trame intricate a volte, trame armoniose, dolci e dolcemente spietate, lucidamente irrazionali spesso, ma sempre appassionate e vive.
Tante e diverse le trame e tante le voci che si intrecciano nell'ordito prezioso della sezione "rosa"

dedicata alle poesie d'amore di un concorso lette-
rario, Riscontri poetici 2018, che vuole esplorare
i sentimenti dell'animo e delinearne gli sfumati
contorni in quadri antologici che ne custodiscano
la bellezza e ne intreccino le profondità.
Sogni Rosso Rubino racconta, nell'urlo dei versi
e nel sussurro dei cuori, la veemenza indomabi-
le dell'amore che diviene legame indissolubile tra
due esseri, legame che supera le convenzioni, le
regole stabilite, il buonsenso comune e a volte pure
la razionalità stessa e la volontà dell'individuo. Il
legame indomabile che trova in se stesso, nella sua
involontaria, a volte inconsapevole ed incosciente
realtà, il suo principio e la sua essenza.
È il vincolo dolce per cui gli amanti sono "perduti
e persi mai" e, pure quando, nella dimensione or-
dinaria dell'esistenza, negli ostacoli e nelle vicis-
situdini di un caso ostile, due anime innamorate
sono divise e sono lontane, sempre, inevitabilmen-
te, si desiderano e si ritrovano, e si riconoscono e
si amano, fosse pure, soltanto, nella dimensione
dei ricordi, dei pensieri, dei desideri. Fosse pure,
solo, nella dimensione autentica della poesia, dove
i bisbigli vengono accolti da bocche sensuali e la
distanza si annienta nel boato immenso di un bat-
tito silenzioso. Tra le labbra e il cuore, nel respiro
caldo della poesia, la distanza, fisica e mentale, si
annulla rispetto alla ineluttabilità e alla potenza del
sentimento amoroso e rivela la spiegazione chia-
ra dell'intima contraddizione del "perduti e persi
mai", perché, in fondo, come si chiede Valentina de

Melis «sarà poi così distante quel limite tra sogno e realtà?» È l'amore nudo che si specchia in questo rosso mosaico di versi. L'amore spogliato dai veli della ragione e dell'ipocrisia, l'istinto coraggioso e testardo che non ascolta ragioni e non ammette dinieghi, è il magnetismo ancestrale che "scava la carne", si accende di desiderio, si rivela nella fine sensualità che coinvolge, in una danza vorticosa, tutti i sensi e che a tratti infiamma i versi.

L'amore vero, autentico, spietatamente sincero, carnalmente puro. L'amore che si nutre solo di se stesso. L'amore che brucia nel suo fuoco e felicemente consuma se stesso, fino a far urlare la poetessa De Melis, nell'ardore dei versi: «non avrete un brandello della mia carne /perché sarà consumata di vita».

Versi appassionati che graffiano l'anima e trascinano il lettore in un vortice di emozioni che, tra l'urlo del cuore e il vagheggiamento dei sensi, sfiora e attraversa l'essenza stessa del potente sentimento amoroso.

Emilia Dente

Orologio interiore
di Miriana Di Gloria

Miriana Di Gloria nasce a Salerno nel 2000 e cresce
a San Pietro al Tanagro (SA), nel Vallo di Diano.
Inizia a scrivere brevi racconti sin da giovanissima, a
10 anni, e ispirata dai tanti libri che la sua famiglia le
regala, insegue il sogno di diventare una scrittrice.
Si iscrive all'età di 14 anni al Liceo Linguistico
dell'Istituto Pomponio Leto di Teggiano (SA), seguendo
la sua passione per la letteratura e per le lingue straniere.
È in questo periodo che inizia a utilizzare i versi per
analizzare e dar forma alle sue emozioni più profonde.
Attualmente frequenta il corso di laurea in Scienze
Biologiche all'Università degli Studi di Ferrara,
concentrandosi su un ambito totalmente nuovo, ma
non abbandonando ciò che più le permette di esprimere
se stessa: scrivere.

Metamorfosi

Pensieri sconnessi
frammentari
come un puzzle
compongono il tuo volto.
Mormorii
e io ch'ascolto,
ancora tu.
Un bozzolo ch'avevo creato per proteggermi
dalla solitudine del mondo esterno,
un rimedio contro me stessa
e il mio inverno.
Eppur
nel mio tempo più labile
qualcosa accade.
Crepe nel bozzolo,
ali anacronisticamente forti;
or forse rinasco.

Certezza

Non scrivo più di noi
di te
o di me.
Scrivo del tempo.
Di quanto tempo ho perso
dietro false speranze
dietro sogni distrutti
da scelte diverse.
Delle ore che passano,
della gente che passa con esse
come un dente di leone
con un soffio di vento.
Scrivo di vite vissute al margine
della banalità e della monotonia,
scrivo contando i minuti
contando i secondi,
scrivo dell'unica cosa certa che mi sia rimasta
prima che io
sparisca con essa.

Naufragio

Ti ho cercato in mille occhi,
mille volti, mille volte.
Canzone dopo canzone,
ti ho inventato accanto a me.
E ora
naufraga in mare aperto,
nessun'isola sicura su cui approdare,
abbandonata sola ad affogare
da navi che credevo amiche,
continuo a cercarti
in un mare di nulla.
Sei la terraferma
ad un milione di bracciate da qui.

Tempus fugit

A quanti volti hai sorriso
che non erano me?
Scorrono
il tempo
la vita
le folle
le scelte
gli amori
i sogni
tu;
io vi guardo,
immobile.
Scivola via con me,
lasceremo
un segno indelebile
nel mondo.

XXI secolo

Sprazzi di luce
oscurati dalle tenebre –
crepuscolo.
Un barlume, un raggio,
l'Alba.

Dodici

Dodici rintocchi,
ho le ossa tutte rotte
e la testa che mi parla di te.
Dodici
come i sospiri che tiro
prima che tu ti accorga di me,
dodici
come i mesi che passano
nella speranza che io dimentichi te.
Dodici
le ragazze che trovi carine
e io che cerco di assolvere al crimine
di ignorarne altri dodici
amando solo te.
È un disturbo ossessivo compulsivo
questo strano rituale
che mi ricorda, ogni giorno,
il tuo sorriso schivo
quando sorridi ad occhi di persone
che ti guardano come me.
Apatia,
vecchia mia,
mai quanto adesso
vorrei averti apprezzato prima.

Nel caso tornassi

Nel caso tornassi,
abbandonerei il muro di pietra che mi sono creata per
proteggermi e ti stringerei forte a me.
Nel caso tornassi,
scioglierei il cuore gelato che mi porto dietro da un po',
i lunghi fili logici con cui intrecciavamo discorsi,
i nodi aggrovigliati di paure
e le braccia conserte
per stringerti
e non sciogliermi mai più.
Nel caso tornassi,
non formulerei ipotesi mai più,
ti darei certezze e fiducia
per non lasciarti andare.
Ma tu non torni
e io continuo a riempirmi di ipotesi,
perché nei miei "se"
ritrovo speranza.

Potessi dirti addio
un'ultima volta soltanto,
preferirei non farlo
e vivere nell'attesa di rivederti ancora.

Io oso l'amore
di Valentina De Melis

Laureata in lettere nel 2006, **Valentina De Melis** insegna letteratura italiana e storia da tre anni presso l'istituto privato paritario MECENATE di Pescara.
Ha sempre avuto la passione per la scrittura sia poetica che narrativa.
Ha partecipato a diversi concorsi nazionali arrivando spesso finalista, l'ultima volta lo scorso anno presso il Campidoglio di Roma.
Ha pubblicato dei racconti brevi in raccolte antologiche a cura di diverse case editrici tra cui la Perrone di Roma.

Racconterò di te

Le canzoni che trasformano le giornate
La pioggia che alimenta i sogni
Un passante che fa rumore
Come se calpestasse il cuore.

La distanza di chi pur non volendo
ci sfiora ogni giorno attraverso un pensiero
Che è così forte
che è così raro
Ma coperto da macerie

Il passato non permette a nessuno

Di respirare.

Dell'amore

Che poi dell'amore cosa ne sappiamo io e te?
Non abbiamo saputo dare nessun valore
Ad ogni istante passato assieme
Nascosti
Segreti
Spaventati e violenti

Quanto rumore abbiamo sepolto.

Solo in qualche rara notte ti sento
E mi manchi.
Sarà poi così distante quel limite tra sogno e realtà?

Sarà stato davvero gettato via il corpo del reato?

E tu, il tuo cuore, l'hai più trovato?

Da un poeta

Non potrete mai imparare nulla da un poeta
Il dolore forse,
La meraviglia,
La distanza.
Ma nulla di più.

Dovete tendere il cuore e tenere chiusi gli occhi

E ascoltare.

Non potrete mai imparare nulla da un poeta,
null'altro che l'essenza stessa della vita.

Sentire

È un verbo meraviglioso quello che tendi verso di me
E lo tendi con lo spirito nascondendo le mani
spaventate e inermi
ormai troppo grandi per afferrare qualcosa di reale

e le paure sono ponti
e i ponti sono crollati

e quello che cercavi era tutto racchiuso in me
e allora tendi verso di me
quello spirito

ed io ascolto
mentre di notte
su un vecchio porticato
cucio gli strappi del passato

con le mani salde di chi il dolore lo ha perdonato.

Ascolto
Respirando nel vento
Le tue paure.

Non vivrai mai questa vita

Eppure

io
ascolto.

Peccato di vita

Spiegatemi che peccato c'è nell'osare?
Io oso l'amore
Lo vivo e lo assaporo
Pecco
Spreco momenti
Li rivivo
Non li rimpiango
Non avrete mai un brandello della mia carne
Perché sarà consumata di vita

E l'unica forma reale
Del mio esistere
Sarà un sorriso beffardo.

Perdono

Stai chiedendo ad un cuore colmo
Di lasciare uno spazio che lasci riaffiorare
Un vaso di spine

È una clessidra di fiori il tempo

E nel giardino della mia anima ho seppellito
Dei volti che ora mi stai chiedendo di guardare

E chiedi un perdono già tuo

Perché, vedi, un'anima colma di colori
Non può conoscere il male.

Una vita in breve
di Tiziana Di Molfetta

Nata nel 1976, di origine pugliese, **Tiziana Di Molfetta** manifesta attitudine alla poesia già da bambina. Amante delle lingue e delle culture straniere, dei viaggi e delle questioni internazionali, a seguito di concorso entra in carriera diplomatica a soli 25 anni. Ricopre svariati incarichi di prestigio, tra i quali quelli di vice-console a Zurigo, vice-ambasciatore in Thailandia, vice-ambasciatore e console in Corea del Sud. Nel 2016 le viene conferita l'Onorificenza di Cavaliere dell'Ordine al Merito della Repubblica Italiana.
Nel 2018 decide di ritirarsi a vita privata sulle colline fiorentine, assieme alla propria famiglia, e di dedicarsi alla scrittura. Con le sue poesie inedite, sin da subito risulta finalista in svariati concorsi letterari nazionali. Ad oggi è pubblicata già in otto raccolte antologiche.

Il pensiero di te

Il pensiero di te
è un brivido caldo
che scivola lungo la schiena
mentre il vento fa eco
al sussurrio della tua voce.
Tu senza rumore
t'immergi nei miei sogni;
ovunque io vada
tu sei lì,
ma ancora da me lontano.

Il silenzio

Piove.
Gocce scivolano dalle mie labbra
come il suono muto
delle parole che non potranno esser pronunciate.
E il silenzio si perde
negli abissi del profondo dentro
inghiottito da impetuose correnti
d'incomprensibili emozioni.
Perderlo, perdersi.
Ritrovarlo, ritrovarsi.
È lì. Si sa.
Ma non poterlo afferrare...
Nutrirsi di ciò
che non può essere
lo lascia sfiorare, lo fa assaporare.
Ed è autentico.
Come le parole
che non potranno esser pronunciate.

Poesia senza titolo

Era un'afosa
notte di fine maggio,
uggiosa come non mai,
bagnata da un'impercettibile
pioviggine grigia.
Quando ti ho incontrata.
Per strada.
A KhaoSarn.
Tu,
tutta sudata,
unta e trasandata
mi accoglievi
in un soffocante abbraccio.
Lanterne colorate
addobbavano svogliatamente
quel quartiere notturno
adagiando distratte
sul tuo capo spettinato
una lucida corona lasciva.
Un alone
di ripugnante vissuto
e di vogliosa fertilità
cingeva il tuo ventre
mischiandosi profanamente
all'ipnotica fragranza

del gelsomino appena sbocciato.
Ho pianto.
Eri impenetrabile,
vischiosa
e sinistra
come nessun'altra.
Così.
Quella notte.
Ti presentavi a me.
Impossibile
dimenticarlo.
Poi un giorno
mi hai sorriso
timida
nel tepore delle prime luci del mattino,
tendendomi la tua mano
affettuosa e sensuale.
Mi hai portato
ai piedi di un Buddha disteso
e intonato antiche litanie orientali
all'ombra di un tempio di porcellana
in riva al fiume.
Hai risvegliato
i miei sensi intorpiditi
all'agrodolce capriccioso
di vivaci pietanze speziate
e alla succosa dolcezza
del mangostano maturo.

Hai rigenerato
il mio corpo sfibrato
al tocco confortante
di un caldo olio vellutato
e l'hai avvolto premurosa
in soffici sete profumate.
Hai acceso
un'innocente candela
sui morbidi flutti
del Chao Phraya sorridente
all'imbrunire.
Profonda e delicata,
ti ho conosciuta
senza velo
alcuno.
Così.
Quel giorno.
Ti sei rivelata a me.
Ho pianto
quando ho dovuto
lasciarti.
Impossibile
dimenticarti,
Bangkok.

Memorie di un guscio

Dentro di me
il nulla.
Non ricordo
come son giunta
a rinnegare me stessa
per le altrui smanie di affermazione.
Non ricordo
i tuoi primi passi
sul quel tappeto rosso isfahan
in quelle calde terre lontane.
Non ricordo
l'acredine del tempo perso
a rincorrere i fantasmi
di questo finto reame in decadenza.
Quanti momenti
trascorsi senza di te
per non so quale inutile prospettiva
io non ricordo.
Non ricordo
la musa che ispirò
quel quadro blu sorridente
sulle candide pareti della tua stanza.
Non ricordo
il fresco profumo
della rugiada all'alba

sull'erba novella del nostro giardino.
Non ricordo
quando per la prima volta
tu
mi hai chiamata
come solo l'istinto può insegnare.
Per cosa
ho smarrito
tutto questo cammino insieme
adesso
io non ricordo.
Io,
solo un guscio
vuoto.

Cielo d'amaranto

Riflesso
su di me
un cielo d'amaranto.
Su questi colli abbandonati,
all'ombra dei ruderi
di questa chiesa antica
una fresca brezza inebria
il mio spirito assopito.
Tu
che nei tempi più remoti
hai carezzato le chiome di divinità immortali.
Tu
che mai ti sei lasciato consumare
dalla perfida clessidra.
Tu
che dall'intensità del tuo pigmento
hai infervorato gli animi di impavidi martiri.
Oggi
sei calpestato,
denigrato,
per erba cattiva scambiato.
Eppur io
a te torno,
mio amato amaranto
disteso fluttuante in un fervido campo.

E nel silenzio di questi colli abbandonati,
all'ombra dei ruderi di questa chiesa antica
ritrovo
nel fruscio di questa fresca brezza
il tuo richiamo alla speranza.
Quella antica.
Quella eterna.

Notte di San Lorenzo

Forse un giorno
diventeremo onde,
onde
di questo mare immenso
che nella notte più profonda
culleranno gli affetti a noi più cari.
Onde
che nell'oscurità più ignota
rifletteranno sorridenti
il candore delle stelle
di questa lunga notte di San Lorenzo.
La brezza della mezzanotte
sfiorerà le nostre creste,
accarezzerà le nostre anime
e il canto dei giulivi delfini
fugherà ogni paura.
Ad ogni urto
ci ricomporremo,
pulseremo
del calore solare,
danzeremo
al riflesso argenteo della luna.
Ci nutriremo
dell'eco delle storie narrate
da temerari viaggiatori.

E saremo per sempre,
in questo mare senza confini,
uniti in una sola essenza
fluida e vivace,
qui e ovunque,
per l'eternità,
in questa interminabile notte di San Lorenzo.

Petali di anima
di Fabiola Ferraro

Fabiola Ferraro nasce a Formia nel 1994. Dopo aver conseguito la maturità classica presso il liceo "Agostino Nifo" di Sessa Aurunca, si iscrive alla facoltà di Lettere classiche presso l'Università degli Studi di Napoli "Federico II", laureandosi nel 2018. La sua forte vocazione umanistica la spinge a proseguire gli studi in Filologia moderna, ancora in corso, presso la medesima università.

Pioggia del cuore

Gocce che naufragano nel volto e
si perdono in questo mare.
Scendono negli abissi del cuore,
lo scuotono e lo attraversano,
lo squarciano come lame e lo
accarezzano come farfalle,
apportando leggerezza.
Come un arcobaleno si eleva fiero
dopo la tempesta,
l'animo ritrova pace
 e gli occhi,
brillanti, sorridono di nuovo,
orientati verso il cielo.

Pensieri

Scie di polvere nell'anima vaganti,
un vortice di parole
permea l'essere.
Un' eco risuona nelle orecchie
e una sola immagine abbaglia la vista ...
pensieri.

Tra le nuvole

L'anima vibra,
si agita la coscienza,
vacilla il porto delle verità;
nella mente,
nuvole,
scie di pensieri l'attraversano.
Gli occhi si offuscano,
le orecchie non odono,
la bocca è serrata;
un solo flutto ondeggia nel cuor
e, tu, naufraghi
nel mare dell'Amore.

Il mare del silenzio

Nel mare del silenzio siamo sguardi
che si attraversano,
che si stringono forte e si allontanano,
sguardi magici e indifferenti,
sguardi muti e celati
come nelle ostriche le perle,
sguardi profondi e colorati,
sguardi mesti e sofferenti,
sguardi parlanti ed esortativi,
sguardi che rapiscono e conducono
in un mondo nuovo, nel regno
della fantasia e dell'utopia,
sguardi che accarezzano l'anima e
riescono ad arrivare fino in fondo
al cuore, perché uno sguardo
è una collana di parole
pronunciate nel silenzio dei
nostri occhi.

La magia di un abbraccio

Un candido calore su una rosea pelle,
un arcobaleno tra due cuori,
un apostrofo tra le braccia,
due cuori che si incontrano,
quattro occhi che si cercano
e due corpi che si abbracciano.

Le ali della libertà

Ti guardo e non ho più paura,
ti guardo e, tremante, smetto
di tremare,
ti guardo e non ti amo più,
perché prima di amare gli occhi tuoi,
amo le ali
della mia libertà.

Amore

Una lacrima che inonda il viso,
uno sguardo che scalda il cuore,
un turbine fisso nell'antro della coscienza,
un raggio di sole che illumina l'iride,
una scossa di terremoto in fondo al cuore.

Emozione

Come un uragano mi agiti,
come un pennello mi colori,
come una stella mi illumini,
o emozione, regina del mio cuore,
mi catturi e mi trasporti in un paradiso,
mi agiti e mi guidi nel faticoso
sentiero della vita.
O emozione, madre di un sorriso
e talvolta artefice di un'onda che
attraversa il mare del mio volto,
hai, tu, la chiave del mio cuor.

Fragile
di Giorgia Ranieri

Giorgia Ranieri è nata a Napoli nel 2002, dove
vive. Attualmente frequenta il quarto anno presso
il Liceo classico J. Sannazaro. Le sue passioni sono
l'atletica leggera che pratica da agonista nelle specialità
del mezzofondo dal 2013, la fotografia a cui si è
recentemente avvicinata dopo aver frequentato un corso
e la poesia. Quest'ultima rappresenta la sua anima, a
cui spinta dalla necessità di esprimere tutti i tormenti
propri dell'adolescenza si dedica da circa un anno.
Ad oggi ha composto 135 poesie. Nel 2019 ha partecipato
a diversi concorsi letterari, si è classificata prima al
Premio nazionale tra Secchia e Panaro 2019 – Poesia
giovani "Monica Mazzacurati". Ha inoltre pubblicato
nell'antologia *Profumo* del Premio nazionale Letteratura
Italiana Contemporanea 2019.

Pensieri nascosti

Silenzio
per descrivere
il tutto ed il nulla,
per capire
le crepe ed i sorrisi,
per ordinare le idee e disordinare il mondo,
per provocare brividi
anche a bocca chiusa.
Silenzio
la forza delle parole
che si pronunciano con l'anima,
capite solo
da chi ti completa.

Fragile

Rinchiusa in una gabbia
con l'anima che parla
io non so che parole gridare
se non sussurrare emozioni
al mio cuore spezzato.

6

Il giorno
più lontano da te,
quando ti penso un po' di più.
Come un'onda
lontana dalla riva
che ha voglia di tornare
dove si è sentita a casa,
dove tutto era sbagliato
ma aveva senso
perché felice,
dove i silenzi
erano forse più belli delle parole,
dove tutto
era vero
perché relativamente impossibile.

Cose vere

Credo ancora
nei sorrisi tra sconosciuti,
nelle guance rosse d'imbarazzo,
nelle azioni concrete,
 nelle cose vere.
Credo
nei bambini che colorano le pareti
con pastelli senza punta

Credo
nelle persone che camminano
guardando il cielo
cadendo mille volte
e rialzandosi centomila
Credo
nelle parole che la gente pensa e non dice
Credo
nella forza invisibile
delle cose belle
che accadono per sbaglio
anche quando il caso non esiste.

Punto fisso

Anche nelle strade buie
anche ad occhi chiusi
vedo il tuo nome,
come luce
dopo un'infinita galleria
dopo una mente in tempesta
dopo un cuore che libera lacrime
come stampato sulla mia anima
come tatuato sulle mie palpebre
che vedono la felicità
in una barca
che va controvento
e si avvicina sempre più
al mio essere incompleta.

Legami

Ti affido
tutti i miei silenzi,
i miei incubi di notte
ed i miei pianti.
Prenditene cura
perché io non so
da dove iniziare.
Tienili stretti tra le braccia
ed accarezzali con dolcezza
come fai ogni notte,
come solo tu
sai prenderti cura
dei miei difetti
come se fossero la parte migliore di me,
la parte migliore di noi.

Cambiamento

Uragani
dentro l'animo di un essere invincibile
che non regge neanche una spina.
Tempeste
che tormentano il cielo sereno.
Ma anche l'azzurro
ogni tanto
ha assolutamente bisogno
di nero
che stravolge la vita.

D'Amore
di Marco Perna

Marco Perna è un artista e un poeta italiano residente in Francia.
Il bisogno di esprimere il suo mondo interiore lo ha portato recentemente a cimentarsi anche nella scrittura, oltre che nella pittura, per provare a mettere in versi le poesie di cui sono impregnate le sue opere e per avere un mezzo d'espressione alternativo, o semplicemente complementare, al linguaggio pittorico.
Così come le sue opere pittoriche, anche le sue poesie hanno ottenuto numerosi riconoscimenti e sono riuscite a piazzarsi spesso ai primi posti in prestigiosi Premi Letterari Nazionali ed Internazionali.
I suoi lavori sono presenti in molte antologie e molti sono i critici e le riviste specializzate che lo seguono.
Per maggiori informazioni si invita a visitare la sua pagina: www.facebook.com/MarcoPernaArtiste

Dimmi una bugia

Dimmi una bugia,
una dolce bugia,
una bugia tenera, consolatrice,
una bugia affettuosa, divertente, giocosa.

La voglio schietta, sfacciata, ammaliatrice,
spudorata, irriverente, ingannatrice.

Ne ho bisogno per vincere questa giornata uggiosa.
Ne ho bisogno per credere ancora in qualcosa.

È per squarciare questo cielo grigio,
per riaccendere una speranza vuota,
per illudermi di vivere un attimo ancora.

Voglio lavare la polvere dai miei sogni
e stenderli al sole dei miei vuoti trionfi.

Non ucciderli con la tua verità,
non distruggere la mia ingenuità.

Per quanto irrazionale e stupido sia,
voglio credere ancora alla verità mia,
e non mi importa se poi vera non sia.

Nessun progresso è possibile sai,
se ti accontenti solo delle certezze che hai.

Ho sognato di te

Ho sognato di te,
non saprei dire il perché.
Non eri nei miei pensieri,
almeno fino a ieri.

Poi d'improvviso irrompi nei miei sogni,
e senza un motivo li squassi tutti quanti.
Sei diventata la padrona,
senza dire una parola.

Vieni da me la notte,
ti intrufoli fra i miei pensieri,
e mi impedisci di dormire
fino quasi all'albeggiare.

Nemmeno ti conosco,
non abbiamo mai parlato,
non ci hanno presentato,
... eppure mi hai stregato!

Ho incrociato il tuo sguardo
in un momento in cui avevo deposto il metallo,
tanto poco ti è bastato,
ad avermi incatenato.

Ora vivo nell'attesa della sera,
senza pretendere che sia una storia vera,
prendo tutto di te fino al mattino
e poi ti lascio tornare a seguire il tuo destino.

Quel giorno ti ho cercata

Quel giorno ti ho cercata
nel rumore di un rimpianto,
nel fruscio di un ricordo,
nel frastuono di un silenzio.

Quel giorno ti ho cercata,
ma io ero già partito.
Ti avevo abbandonata
senza averti mai trovata.

Ti ho cercata quel giorno,
ma non era possibile il ritorno.
Non era veritiero quel sentimento
per cui ancora mi tormento.

Ti ho cercata e ti cerco ancora,
ma di te non ho memoria.
Non ricordo quel sorriso
che indicava il paradiso.

Non ricordo quei tuoi fianchi
dove ho perso i sentimenti.
Non ricordo i tuoi occhi innamorati,
né la tristezza di cui erano velati.

Ricordo solo di averti cercata
col timore di doverti amare,
con l'angoscia di poter sognare
col terrore di saper volare.

Per questo non ti ho più trovata.

Ma ti ho amata lo stesso
perdendo pure me stesso.

Parla con me

E adesso di cosa ti parlo?
Dei tuoi occhi?
Del tuo viso?
Del tuo timido sorriso?

Come fare per non essere scontato?
Come dirtelo in modo ispirato?
Senza essere banale,
né volgare.

Senza spaventarti.
Senza scocciarti.
Vorrei inondarti di parole,
ti ci vorrei carezzare, coccolare, vezzeggiare.

Dammi solo la prima e te ne renderò mille
e poi altre cento e mille ancora,
finché sfinita dal piacere
dovrai dirmi di tacere.

Fammi la carità di una parola
poiché la mia bocca ostinatamente tace
e ne avrai in cambio una nuova,
gentile, tenera e perspicace.

Ti prego, dammi ancora un minuto,
aiutami ad abbattere questo stupido muro.
Non essere un'ombra nella notte,
non condannarti all'oblio nei miei ricordi.

... ma tu resti inesorabilmente muta
e dissolvi il mio sogno in un'altra alba vuota.
Ed io mesto, osservo impotente,
la nostra storia svanire al sole nascente.

Parole maledette

Parole sole,
parole senza senso,
parole senza passato, senza futuro,

parole vuote,
parole fredde,
parole tristi,
parole spente,
parole morte.

Non voglio più sentir parole,
non voglio più parlar d'amore,
non voglio più aprire il cuore
e sentirlo lacerare

ad ogni tua menzogna,
ad ogni verità nascosta,
ad ogni promessa falsa,
ad ogni recita, ad ogni farsa,

di una passione sfatta,
perita, evaporata,
come rugiada
al sole nuovo del mattino,

all'alba del luogo vicino,
dove porterò esuli i miei pensieri,
dove accenderò di nuovo i miei desideri,
dove mi illuderò di dimenticare

quelle parole non dette,
quelle parole maledette.

Senza titolo d'amore

Avrei voluto darti un nome,
Avrei voluto darti un volto,
Avrei voluto darti un cuore,
ma non c'è spazio fra i tuoi seni per un cuore

e cosa importa in fondo del tuo volto,
ma un nome quello si te lo avrei dato.
Un nome per poterti maledire,
Un nome per sapere che sei vera.

Un nome per chiamarti nella notte,
quando più forte sento il tuo non esser mia.
Avrei amato chiamarti Amore,
ma non hai un volto e non hai cuore.

O forse il cuore assente è quello mio
tristemente perso nell'oblio
di una storia antica e pure attuale:
la felicità perduta che ancora mi fa male.

I graffi nell'anima

I graffi nell'anima restano incisi!

Scavati da amori mal finiti,
da sogni poi traditi,
da talenti violentati.

Da illusioni disilluse,
da speranze disattese,
da bisogni inappagati.

Scolpiti nelle pieghe del dolore.
Corrosi dal ricordo di un amore.
Bruciati dalla fiamma del rancore.

Non sanguinano,
non sporcano le vesti,
non palesano i supplizi,

ma ci cambiano per sempre
distruggendo la nostra innocenza,
dissolvendo il nostro stupore,

privando ogni cosa del proprio sapore.

Come marea

Ciao,
ti aspettavo lo sai?

Tanto lo so, che sei come la marea:
ti ritrai velocemente nell'ombra della sera,
ma non sai star lontana!

C'è una forza che ci lega.
Un'attrazione profonda,
violenta, caparbia.

Ti riporta da me a dispetto delle nostre incomprensioni,
delle continue tensioni,
delle mutevoli passioni.

Torni, spinta da un amore incontrastabile,
accesa da un desiderio irrefrenabile

e come un'onda impetuosa mi travolgi,
mi stravolgi,
mi sconquassi.

La tua linfa vitale rimargina ogni ferita
e di colpo,
ritorna a fiorire la vita,

in quel fiordo di nero basalto,
che ad ogni tuo addio, diventa più alto,
ma che, al tuo ritorno, si rifà piatto.

Impetuosa ritorni,
adirata mi lasci.

Un moto perpetuo
è questo amore immaturo,
che non sa attraccare verso un porto sicuro.

Rimane al largo, tra le onde più alte,
a sfidare la sorte,
a giocar con la morte.

Vive di battiti intensi,
ma muore nei silenzi.
Perennemente in bilico tra l'orgoglio e i sensi.

La mia falsa verità

Cos'è quest'ansia che mi ottenebra la mente?
Quest'insicurezza che non mi fa mordere la briglia,
e mi lascia a scalpitare senza corsa?
Quale paura mi attanaglia?

Ch'io non ne sia capace?
Che non ne sia all'altezza?
Non posso anch'io meritare una carezza?
Davvero devo perderti per questa timidezza?

Il corpo è pronto e battagliero,
ma lo spirito esita
senza un motivo vero ...
Forse la paura di non essere sincero?

Maledetta educazione che mi condanna ad essere puro!
Niente macchie sul mio manto!
Niente ombre ad offuscare la mia luce!
Niente dubbi da insinuare sottovoce!

Niente inchiostro rosso sul mio libro della vita,
niente errori da celare,
ma medaglie da ostentare,
favole da raccontare ...

Una vita recitata e senza azione,
sperperata appresso ad una reputazione,
sul cui altare ho immolato la passione
e di cui aborro ora, l'arido candore.

No, non è timidezza la mia,
è paura di fallire,
terrore di un rifiuto,
angoscia di non essere creduto.

Ma tu ignori i mostri che combatto,
mi vedi superbo e distante,
non sai che, se ti appaio irraggiungibile adesso,
è solo perché sto fuggendo da me stesso.

E te ne vai, in cerca di un complimento,
di una bugia che ti riscaldi il cuore,
un bugia che non ti ho saputo dire questa sera,
... solo perché la sentivo troppo vera.

L'amore scontato

Sono le certezze che uccidono l'amore.
Le cose date per scontate,
gli affetti registrati e poi archiviati,
come pratiche sbrigate,
come verità assodate.

Ma l'amore è un continuo divenire,
un eterno cercarsi pur avendosi accanto.
È riconoscere un profumo diverso tra mille,
è un pensiero felice che balena alla mente,
è scorgere anche nel grigio il sole che splende.

Lo si riconosce nei piccoli gesti,
nel sorriso che si accende negli occhi
incrociando gli sguardi,
nel desiderio mai sazio di morbidi tocchi.

Le grandi prove lo rendono forte,
solo le piccole gli sono fatali.
L'amore è ucciso da cose banali.

Un passo alla volta
di Eleonora Cucurullo

Eleonora Cucurullo scrive per dar voce ad un tormento, per riconciliarsi con la propria anima. E scrive in rima, perché le rime non sono solo filastrocche.
La prima poesia è pubblicata da Historica, nel 2016, nell'antologia *Poesie in libertà*.
Nel 2017 è finalista nel Festival Poetico "Il Federiciano" così come nel 2019.
Sempre nel 2017 è finalista nel XV Premio Internazionale Albatros e il suo componimento arricchisce l'antologia *Essere donna...*
Nel 2018 è ancora finalista per il Premio Internazionale Albatros ed è possibile leggerla nell'antologia *Nuovi inizi*.
Ad oggi in corsa per il 1° posto nel Concorso "HABERE ARTEM", ha chiuso il 2019 con la segnalazione della giuria (per la sezione Poesia) per il premio "Hombres itinerante - XV edizione" ricevendo gli omaggi della città di Carsoli (AQ).

Alito di vita

Ho cercato la metafora perfetta
per descrivere quel groppo
L'affanno, la fame, il cuore che va al galoppo
Ecco. Mi concentro. La sento.
Riempie la bocca e i polmoni
Ne mangio ingorda due bocconi
Così mi sento. Come dopo una lunga apnea...
Un soffio nuovo, come venire al mondo.
L'aria è la mia panacea
La cerco sul viso, fresca.
Mi sveglia, mi prende a schiaffi, mi fa sentire viva
·Che sia brezza o raffica, mi godo la sua energia primitiva!
Niente parole, discorsi,
labirinti intricati di ragionamenti spesso irragionevoli
Niente inchini, salamelecchi, inutili convenevoli
Il vento è così, ti scombina anche se non vuoi
Meglio abbandonarsi a lui,
è un amante del quale non ti annoi
Non è lontano il tempo del nodo in gola
Mugolavo, come un cane con la museruola
"Copriti, Eleonora! – Non hai freddo così scoperta?"
Lasciate che io rabbrividisca, che il gelo avverta...
Sorrido a tutto ciò che mi ricorda che sono al mondo
Sopravvivevo.
Oggi sono protagonista e mi muovo su questo sfondo

Mentre il film dell'esistenza altrui andava,
io ero un animale in letargo
Adesso son regista, attore principale. Ho preso il largo
Ero confusa, costretta, incapace del gesto più naturale
Come si allacciano le scarpe? Nulla era banale
Le mani formicolano, non tremano e riprendono colore
La mente è lucida, attiva, si sveglia dal sopore
Il panorama ritrova le sue tinte e i passi son decisi
Mi muovo da quel luogo della mente
che mi mandava in crisi
Respiro. Ho lasciato quella stanza. Comincia il viaggio
Di vita normale oggi voglio godermi un assaggio.

Cicatrici

Non sono tatuaggi colorati e scelti, sono segni.
Sono lì. Li vedo e fanno male per quanto io mi impegni.
Ma forse anche per queste cose
è solo questione di prospettiva...
UNA visione, non l'UNICA.
Basta cercare una alternativa.
Ti accusavo di insultare il mio tempo, il mio sentimento
Ma ero io che combattevo contro un mulino a vento.
Mi son resa conto di aver preteso un cambiamento
Da chi era fermo come un muro di cemento.
"Ogni tanto si vince, ogni tanto si cresce" –
così mi ha detto un'amica.
È vero. La vita propone rose, fiori e pure qualche ortica.
Ero io stessa a mancarmi di rispetto
Incastrata in un circolo vizioso, in un loop maledetto.
Difficile spiegare il mio dolore "lirico".
Quell'eco ha martoriato la mia anima e persino il fisico.
Dinamiche logoranti di due
che non si muovono nella medesima direzione
Di chi ha smesso di ascoltare l'altro
e di capire ha perso ogni intenzione.
La delusione consuma,
ma non riporta le persone indietro
Perché ognuno ragiona,
vive e opera secondo il proprio metro.

Bisogna imparare a lasciare andare con silenzio,
a dare pace...
Non sempre ci si può capire, ritrovare.
Anche se non ci piace.
Ho teso la mia mano vuota, ho mendicato amore.
Oggi ho la mano in tasca e aspetto chi mi scaldi il cuore.

Punto e a capo

E poi dimentichi come sia camminare
la normalità diventa zoppicare...
Non traballava la gamba, niente che tu vedessi
avevo l'anima e il cuore ingessati e compressi.
Aspettavo che ti aprissi
che sbocciassi, che emergessi dagli abissi.
Gioivo per ogni passo, ne godevo
gattonavi poi eri in piedi e la mano ti tendevo.
Ci siamo aggrovigliati in un vortice di timori
Sempre all'erta, mai adagiati sugli allori.
E come la palla di neve diventa valanga
ogni giorno pregavo Dio e chiedevo "fa che rimanga".
L'intoppo era sempre in agguato
come un terremoto annunciato da un boato.
La montagna diventava una catena montuosa
le opposizioni, una difficoltà copiosa.
Potevo scegliere di chiudere gli occhi e non vedere
fingendo di star bene e non sentire il dispiacere.
Oppure battagliare e provare a raggiungere la vetta
consapevole di avere in fronte puntata una doppietta.
E già.
Mi sentivo sempre in bilico tra uno strappo e un nodo...
Oggi sono in mare aperto o giunta ad un approdo?
Avevo paura dei tuoi "no",
del tuo dito che indicava la porta.

Esco da sola, grazie!
Non serve anche qualcuno che mi esorta!
Che vergogna provo se penso a quel che ho detto...
Metterei anima, bocca
e persino la mia faccia dentro ad 1 cassetto.
Scrollo la testa, incredula. Ero proprio io?
La voce della disperazione,
di chi ha toccato il fondo, di chi è senza Dio.
Mi hai portata a tanto, potrei sostenere.
Ma un buono
non dovrebbe mai parlare come un giustiziere.
Shakerata come una bottiglia di spumante
prima di Capodanno...
Ho fatto il botto
e la vittima in un attimo è diventata il tiranno.
È il capolinea. Sono esausta, disfatta e snaturata.
Vorrei che la mia pelle fosse dalla pace
e dal perdono lavata.

Semplice come l'abbiccì

Vaffanculo a QUELLA idea di giustizia.
Chiamerà, verrà, tornerà...Crepi l'avarizia.
Idee basate sul nulla, su un mito. Pura utopia.
Esiste forse la meritocrazia?
Parlo a me stessa...Mi convinco di mezze convinzioni
Mezze? Sono intere queste illusioni!
Vorrei che la ragione riprendesse il controllo
per non sentirmi scema fino al midollo
Ma il cuore crede semplicemente
che dovrebbe andar così...
Semplice, come l'abbiccì.
Che avrei dato per lavarlo via dalla pelle
Doccia dopo doccia, acqua a catinelle
Il vapore, l'acqua, il rumore...Ero anestetizzata.
Gesti che avrei potuto ripetere anche da lobotomizzata.
Uno zombie. Mi faceva sentire così la sua assenza
E dentro alla ferita infilavo il dito, quasi con compiacenza
Un cilindro dal quale tirar fuori chissà quale coniglio
Fegato? Polmoni? Cuore? Aspetta che lo piglio!
Qualcosa da strapazzare bene per poi piangere a dirotto
Io, artista del dolore e maestra del cerotto
Ok, sto delirando. Me lo dico da sola
mentre butto un occhio al telefono con il nodo in gola
E già... È multitasking la mia idiozia
Testa e cuore. Eterna acrobazia.

Lacrime Amare
di Elena Cardona

Elena Cardona ha vent'anni e frequenta il liceo scientifico.

Fin da quando era bambina ha maturato una capacità di sentire oltre l'apparenza, oltre ciò che le altre persone percepiscono, oltre ciò che lei stessa a volte è in grado di tollerare. Elena soffre del disturbo borderline di personalità e questa sensibilità le ha procurato profonda sofferenza, ma lei ha trovato nell'arte il modo per esprimere le sue mille emozioni: disegna, suona diversi strumenti, scrive poesie e testi di canzoni.

1

Davanti a me ci sono tre bicchieri
pieni, ci affogo dentro i dispiaceri,
per ogni lacrima tre sorsi interi
come tre sono i miei desideri,
è il numero perfetto,
l'ha detto anche Dante Alighieri,
"dove sei Mary?"
chiudo gli occhi e ti vedo
ma non ci sei, tu c'eri,
oggi sembra ancora ieri,
le tue labbra che sorridono
sorrisi sinceri,
vorrei avere i super poteri
per farti tornare da me,
eri bella con quegli occhi neri
pieni di mille misteri,
d'estate i vestiti leggeri...
se ti immagino iniziano i miei scleri,
nel cuore ho dei crateri vuoti
e in testa una bomba di pensieri,
esplode,
non servono a nulla gli artificieri.
Mi manchi Mary,
riaverti qua è il mio sogno,
spero si avveri.

L'Associazione Culturale "Riscontri" indice, in collaborazione con il Terebinto Edizioni, la prima edizione del

Premio Nazionale di Narrativa e di Saggistica

Un libro in vetrina

PRIMA EDIZIONE
2020

REGOLAMENTO

Art. 1 – Partecipanti

Il concorso è a **tema libero** e la partecipazione è gratuita e aperta a tutti.

Art. 2 – Oggetto del concorso

Il concorso è riservato alle opere edite scritte in lingua italiana, pubblicate o autopubblicate in qualunque formato (anche solo in versione ebook). Non si può partecipare al concorso con opere pubblicate dal Terebinto Edizioni.
È possibile inviare le proprie proposte in riferimento alle seguenti sezioni:

- **SEZIONE A - Narrativa**

Partecipano a questa sezione opere edite, a tema libero e in prosa, di ogni genere: romanzi, biografie e opere di memorialistica, raccolte di racconti, aforismi, libri per bambini e ragazzi.

- **SEZIONE B - Saggistica**

Partecipano a questa sezione opere edite di saggistica, di qualsiasi argomento.

Art. 3 – Premio

I due autori vincitori delle rispettive sezioni riceveranno un pacchetto promozionale che prevede i seguenti servizi:

- **Recensione** pubblicata sulla rivista di cultura e di attualità "Riscontri" (distribuita sia in cartaceo che in digitale), promuovendo così le opere vincitrici presso una comunità di autori e di lettori in costante crescita.

- Versione breve della recensione pubblicata su **Amazon** e **Ibs** (se la pubblicazione è disponibile nelle librerie online).

- Inserimento delle opere nella **sezione pubblicitaria** della rivista dedicata alle novità editoriali, con copertina e breve sinossi.

- **Intervista** all'autore pubblicata sul sito insieme alla **scheda del libro** (contenente copertina, sinossi, biografia dell'autore e indicazioni per l'acquisto), condivisa sulle pagine Facebook del Terebinto Edizioni e dell'Associazione Culturale "Riscontri".

- Inserimento nell'elenco dei libri consigliati della rubrica **"In libreria"**, pubblicata sul sito di "Riscontri" e inviata nella **newsletter** trimestrale del Terebinto Edizioni (che include gli iscritti e tutti gli abbonati alla rivista).

- **Grafica promozionale** con la realizzazione di una scheda in formato PDF e JPEG (contenente immagine 3D del libro, sinossi e profilo biografico dell'autore) più due grafiche pubblicitarie con indicazioni per l'acquisto (ottimizzate per Facebook).

Il servizio di promozione è riservato agli **iscritti dell'Associazione Culturale "Riscontri"**. Gli autori vincitori che non risultassero ancora soci avranno la possibilità di iscriversi, pagando la quota annuale di 25 euro, per accedere a tutti i servizi riservati ai soci (tra cui l'abbonamento digitale gratuito alla rivista).
Gli autori vincitori riceveranno inoltre sette volumi omaggio (di titoli scelti a discrezione dell'editore) per un valore di oltre 100 euro.

Saranno considerate, per recensioni e interviste, anche le pubblicazioni più meritevoli tra quelle non vincitrici.

Art. 4 – Invio delle opere

Le opere devono essere inviate esclusivamente via email **entro il 30/03/2020,** all'indirizzo **concorsi.riscontri@gmail.com** (in formato PDF). L'oggetto della mail dovrà indicare il nome del concorso, allegando il *Modulo di Partecipazione* compilato in tutti i campi (scaricabile su www.riscontri.net).
È possibile partecipare ad entrambe le sezioni, ma con una sola opera per ciascuna sezione.

Art. 5 – Accettazione del Regolamento

La partecipazione al concorso implica **l'accettazione senza riserve** di tutte le parti del presente *Regolamento*. La mancata osservanza di uno qualsiasi degli articoli sopra citati comporta l'esclusione dal concorso. Per eventuali chiarimenti riguardo il concorso è possibile inviare una mail all'indirizzo **ass.riscontri@gmail.com**.

Le opere saranno valutate, in modo **insindacabile e inappellabile**, da **Carlo Crescitelli**, componente del comitato redazionale di "Riscontri" e autore dei diari di viaggio *L'antiviaggiatore* e *Come farai a fuggire da te stesso… se lui continua a correrti dietro?!?* (IlMioLibro, 2010 e 2011), del saggio *Settanta Revisited* e della raccolta di racconti *A spasso con l'antiviaggiatore* (Terebinto, 2017 e 2019), nonché curatore di diverse antologie nate dal concorso "Riscontri letterari" (2018).

Art. 6 – Tutela della Privacy

Ai sensi del D.Lgs. 196/03 si assicura che i dati personali relativi ai partecipanti saranno utilizzati unicamente ai fini del concorso e non saranno in alcun caso ceduti a terzi. I dati sono conservati presso il nostro archivio digitale, ogni partecipante avrà il diritto di richiedere la cancellazione o la modifica dal suddetto archivio scrivendo all'associazione.